Die innere Reise

Charlotte Birnbaum

Die
Ein Buch
innere
über das Kochen
Reise
mit Innereien

Bilder von
Christa Näher

Verlag der Buchhandlung
Walther König

Die innere Reise

Das Kochen mit Innereien ist eine fast in Vergessenheit geratene Kunst. Köstlicheres Essen gibt es nicht, und wer bereit ist, diesen heute nahezu unbekannten Kontinent zu erforschen, hat ein großes Abenteuer vor sich. Meine eigene Reise in dieses «innere» Reich hat sich für mich mehr als gelohnt. Was ich hier vorstelle, ist keine tiefgründige Kulturgeschichte, sondern lediglich eine Rezeptsammlung einfacher, aber äußerst schmackhafter Gerichte. Ich habe sie in der Familie, aber auch bei anspruchsvollen Gästen aus aller Welt ausprobiert. Was mich angetrieben hat, war meine eigene Neugier, aber auch mein Interesse an der Vielfalt der Kochkunst, die heute verloren zu gehen droht, – und vor allem war es die Überzeugung, dass nichts so lecker ist wie eine Scheibe Kalbsleber, die in gutem Olivenöl gebraten wurde!

Innereien provozieren. Wieso? Könnte es sogar das Wort selbst sein?

Hat es vielleicht etwas mit der ekligen gebratenen Leber aus der Schulküche zu tun? Hat es damit zu tun, dass Innereien Organe und nicht Muskeln sind? Hat es mit der Konsistenz oder mit dem Blut zu tun, oder damit, dass Innereien unsichtbar, unbekannt und unheimlich zu sein scheinen?

Ein Grund ist sicher die Unkenntnis. Diese Teile des Tieres sind heutzutage schwer zu bekommen; man sieht sie selten. Die kleinen Metzgereien sind heute größtenteils von großen übernommen worden, und die Verarbeitung der Innereien lohnt sich offenbar nicht mehr. Oft werden die Innereien einfach entsorgt – oder haben das Glück, in einer Wurst zu enden. Der legendäre schwedische Koch Tore Wretman schreibt: «In das Wurstbrät kann man leicht schmerzlos alles hineinmischen, was sonst Arbeit, Aufwand, Fantasie und Wissen verlangt, wenn man daraus eine Köstlichkeit machen möchte.» Wie eine Wurst aussieht, kann jeder sagen, aber wer weiß, wie eine Kalbsniere ausschaut? Die Einstellung zu Innereien ist von Land zu Land sehr verschieden. In Frankreich gibt es besondere Geschäfte, *Triperien*, die von delikaten Würsten und Pasteten nur so strotzen, und hier wird natürlich auch ein großes Sortiment von frischen Innereien angeboten, die *morceaux de goût* Herz, Niere, Bries, Hirn und vielleicht sogar Milz und weiße Nieren (eine elegante Umschreibung für spezielle männliche Organe.) Das Wort «Trip» steht auch für Zinsen, das heißt für eine Extragabe, und in Verbindung mit dem Schlachten eines Tieres bedeutete dies, dass die Helfer sich die Innereien, die man sofort verbrauchen musste, einverleiben durften.

Von Marcus Gavius Abicius, dem Autor von «Über die Kochkunst» (um 300 nach Christus) bis zu Charles Emil Hagdahl, dem einflussreichsten skandinavischen Gastronomen, gibt es keinen ernst zu nehmenden Kochbuchautor, der Rezepte mit Magen, Kalbsfüßen, Schweineohren und Hahnenkämmen ausgelassen hat. Das ganze Tier zu verarbeiten, war eine Selbstverständlichkeit.

Was man wo gerne isst, ist ein fesselndes Thema. Aus der chinesischen Küche ist bekannt, dass Innereien sehr geschätzt und speziell zu feierlichen Anlässen zubereitet werden. Die Innereien gelten hier als wertvoll und exklusiv. Und tatsächlich sind die inneren Organe ein kleiner Teil des Tieres – vielleicht macht sie das umso begehrenswerter. In den europäischen Küchen ist es schwierig, ein generelles Muster zu finden. Aber man kann wohl behaupten, dass die Eingeweide südlich der Alpen mehr geschätzt werden, und dass die Skepsis gegenüber diesen Teilen des Tieres ein hauptsächlich protestantisches Problem zu sein scheint. Man kann natürlich mit der ganzen Problematik so umgehen wie die Engländer, die gerne bestreiten, dass deren «Steak and Kidney Pie» irgendetwas mit Innereien zu tun hat. Die Niere ist wie die Leber eine Delikatesse und sonst gar nichts!

Im Französischen gibt es die schöne Redewendung «manger s'apprend», was bedeutet «zu essen lernt sich». Wie wir unterschiedliche Nahrungsarten bewerten, hat nicht nur mit unserer Tradition, sondern auch mit unseren Vorurteilen zu tun. Nur wer bereit ist, die eigene Voreingenommenheit in Frage zu stellen, kann sich neuen geschmacklichen Erlebnissen, deren Nuancen und Konsistenzen, öffnen. Nur so erweitert man den eigenen Horizont und lernt Sachen zu schätzen, die man nicht zu mögen glaubte.

Viele Rezepte für Innereien stammen aus einer Zeit, als die heutige Verschwendung undenkbar war. Ich glaube, dass es höchste Zeit ist umzudenken – und dass wir wieder lernen müssen, das gesamte Tier zu nutzen, was auch bedeutet, dass wir dem «inneren Reich» eine neue Chance geben sollten. Wenn die Tiere in Würde leben dürfen, schmeckt auch das Fleisch besser. In alten Zeiten hatte das Tier nicht nur ein anständiges Leben, es wurde auch nach dem Schlachten respektiert, indem der Tierhalter jeden Teil des Körpers achtete und zu verarbeiten wusste.

Falls nicht anders angegeben, beziehen sich die Mengenangaben auf den Appetit von vier hungrigen Personen.

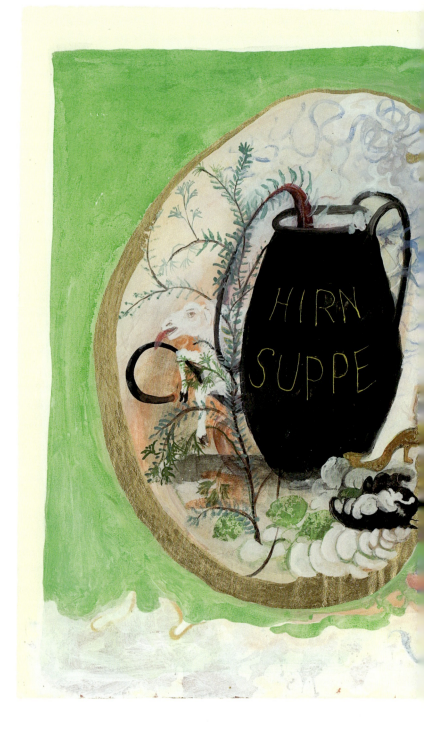

Leber

Leber

Die Leber ist unter den Innereien die größte. Sie ist besonders lecker und gilt auch als sehr gesund. Kalbsleber, eine wirkliche Delikatesse, dürfte unter den Innereien die beliebteste sein. Gerichte mit Kalbsleber sind auf Speisekarten guter Restaurants häufig zu finden.

Rinder- und Schweineleber schmecken anders, aber ausgezeichnet in Pasteten. Lammleber gehört zum Besten, was man sich vorstellen kann. Sie ist zart und mild und hierzulande sehr preiswert, während sie in Frankreich als Delikatesse gilt und teuer bezahlt werden muss. Hähnchenleber, mit ihrer zarten und butterweichen Konsistenz, ist mein persönlicher Favorit. Frische Leber von Tieren, die ein gutes Leben gehabt haben, schmeckt natürlich am besten. Wenn man tiefgefrorene Leber verwendet, soll man sie am besten im Kühlschrank langsam auftauen lassen.

Leber von anderem Geflügel und von Wild ist auch besonders köstlich, aber leider schwierig zu bekommen. Leber von alten Tieren: bitte vermeiden.

Allen Lebersorten ist gemeinsam, dass sie mit Vorsicht gebraten werden sollten, mit Ausnahme der Schweineleber. Perfekt ist die Leber zubereitet, wenn sie innen rosa und saftig ist und außen schön braun gebraten. Die Konsistenz sollte sanft wie Samt sein. Wichtig ist, dass sie schnell zubereitet und sofort auf vorgewärmten Tellern serviert wird. Je länger sie gebraten oder auf die Gäste warten muss, desto härter wird sie. Zu beachten ist auch, dass die Leber erst dann gesalzen wird, wenn sie fertig gebraten ist, sonst wird sie trocken.

In der griechischen und römischen Antike galt Leber als besondere Delikatesse, und außerdem auch als Organ des Mutes, im tierischen wie im menschlichen Körper. Schon damals hat man erkannt, dass sich bei einem mit Futter voll gestopften Tier die Leber vergrößerte. Dieses Schicksal traf nicht nur Gänse, sondern auch Schweine, die mit Feigen und Honig abgefüllt wurden. Die sprachlichen Folgen sind heute noch sichtbar: *foie* im Französischen, *fegato* im Italienischen, und *higado* im Spanischen leiten sich alle vom lateinischen «ficatum» ab. *Ficatum iecur* steht für die mit Feigen gefettete Leber.

Einst war die Leber der Höhepunkt eines Schlachtfestes, zumal sie in den eisschranklosen Zeiten rasch auf den Tisch kommen musste. Unsere gute deutsche Leberwurst, die populären schwedischen Gerichte *pölsa* und *korvkaka* haben eine lange Tradition, genau so wie ihre feine Cousine, die wir heute als *foie gras* teuer bezahlen.

Die Leber stand einst vor allem in vornehmen Häusern auf dem Speiseplan, und in der Renaissance entwickelte sich dort die Kunst der Leberreime. Vor dem Genuss der Leber kam das Gedicht, etwa:

Die Leber ist von einer Kuh und nicht von einer Ziege,
Ich sage lieber nichts dazu, in welchem Bett ich liege.

Oder:

Die Leber ist von einem Schwein und nicht von einem Ferkel,
Mir fällt kein Reim auf Ferkel ein, so lang ich auch dran werkel.

LEBER

Salbeileber auf dem Stöckchen

Eine einfache kleine Geschichte, die wie
Butter auf der Zunge zergeht!

250 g Hähnchenleber	Die Leber säubern und halbieren. Ein
Salbeiblätter	Salbeiblatt auf jeder Hähnchenleber-
Butter	hälfte mit einem Zahnstocher befesti-
Salz und Pfeffer	gen. Schnell in Butter braten. Salzen
Zahnstocher	und pfeffern. Servieren!

Apfelleberstöckchen

250 g Hähnchenleber	Die Leber säubern und halbieren. Die Äpfel in dünne Scheiben schneiden, die Kerngehäuse entfernen, aber nicht schälen! Die Apfelscheiben und den eingelegten Ingwer mit dem Zahnstocher auf der Leber befestigen. In Butter schnell braten. Salzen und pfeffern. Direkt servieren!
2 feste säuerliche Äpfel	
Eingelegter Ingwer	
Butter	
Salz und Pfeffer	
Zahnstocher	

LEBER

Kalbsleber mit Calvadosäpfeln

---

500 g Kalbsleber in zentimeterdicken Scheiben
100 g geräucherter Speck in Scheiben
Butter
Salz und Pfeffer

Für die Calvadosäpfel:
2 säuerliche feste Äpfel
2 EL Butter
3 EL Calvados

Die Kerngehäuse des Apfels entfernen, und die Äpfel in dicke Scheiben schneiden. Die Apfelscheiben in Butter vorsichtig braten. Den Calvados zugeben und ein paar Minuten garen. Salzen. Die Äpfel warm halten. Die Speckscheiben knusprig braten und zur Seite stellen. Jetzt die Leber auf mittlerer Hitze braten, bis sie eine schöne braune Farbe hat. Innen sollte sie noch rosa sein. Salzen und pfeffern. Achtung: Der Speck kann ziemlich salzig sein. Die Leberscheiben mit den Speckscheiben und die Apfelscheiben auf warmen Tellern anrichten und servieren. Mit etwas Petersilie garnieren! Als Beilage schmecken Salzkartoffeln gut dazu.

LEBER

Kalbsleber mit Avocado und frischen Kräutern

Dieses Gericht schmeckt wahlweise auch sehr gut mit Hähnchenleber.

500-700 g Kalbsleber in zentimeterdicken Scheiben
2 reife, aber feste Avocados
1 Zitrone
Frische Kräuter nach Geschmack, vorzugsweise Thymian und Petersilie
Mehl zum Panieren
Salz und Pfeffer
Butter

Die Avocados schälen und der Länge nach aufschneiden. Die Hälfte der Zitrone über die Avocados spritzen, damit die schöne grüne Farbe bleibt. Die Leberscheiben vorsichtig in Mehl wenden. Die Leberscheiben schnell in der Pfanne sautieren. Sobald der Saft aus dem Fleisch tritt, die Avocadoscheiben, den Zitronensaft und die frische Kräuter hinzugeben und dazu noch etwas Butter. Die Pfanne vorsichtig rütteln. Auf warmen Tellern servieren, gerne mit Jasminreis.

LEBER

Lauwarmer Hähnchenlebersalat mit Akazienhonig und Walnüssen

Die Kombination von warm und kalt ist sympathisch.
Eine fantastische Hauptspeise für zwei oder
eine Vorspeise für vier Personen.

500 g Hähnchenleber
200 g gemischter Salat
100 g Walnüsse
Akazienhonig (oder ein anderer leckerer flüssiger Honig)
Butter
Salz und Pfeffer

Dressing:
1 fein gehackte Knoblauchzehe
1 EL Balsamicoessig
3-4 EL Olivenöl
Salz

Die Leber säubern und halbieren. Die Walnüsse in trockener Pfanne rösten. Achtung, sie verbrennen leicht! Den Salat in einer Schale mit dem Dressing vermischen. Auf Tellern anrichten. Die Leber ein paar Minuten auf beiden Seiten braten. In der Pfanne auf dem Herd noch ein paar Minuten ruhen lassen. Jetzt die Leber auf den Salat geben. Die Nüsse über den Salat streuen und den Honig in Kringeln darüber gießen. Mit Baguette servieren.

LEBER

Omelett mit Hähnchenleber und Minze

Schmeckt sehr gut mit Tomatensalat mit Vinaigrette.
Ein Mittagessen für zwei oder eine Vorspeise
für vier Personen.

300 g Hähnchenleber
4 Eier
Frische Minze
Olivenöl
Salz und Pfeffer

Leber vorbereiten. Schnell in Olivenöl braten. Salzen und Pfeffern. Warm halten. Die Eier mit Salz und Pfeffer in einer Schüssel mischen. Das Omelett jetzt vorsichtig in Olivenöl braten. Mit Minzblättern bestreuen. In vier Teile teilen. Auf vier Tellern servieren, mit den Tomaten. Mit ein paar Minzblättern garnieren.

LEBER

Rotes Zwiebelrisotto mit Hähnchenleber, Petersilie und geriebener Zitronenschale

---

Ersetzen Sie nach Belieben einen Teil der Brühe mit Weißwein.

500 g Hähnchenleber
400 g Aborio oder Vialonereis
2 große rote Zwiebeln
2 Knoblauchzehen
0,8 l Hühnerbrühe
100 g frisch geriebener Parmesankäse
geriebene Zitronenschale von einer Zitrone
Olivenöl
Butter
Salz und Pfeffer

Die Leber vorbereiten und halbieren. Schnell in Olivenöl braten. Salzen und pfeffern. Warm halten. Die Zwiebeln und den Knoblauch hacken und in Olivenöl glasig dünsten. Reis hinzufügen und umrühren. Mit Brühe (oder Wein) ablöschen und einkochen lassen. Unter ständigem Rühren mit einem Holzlöffel nach und nach mit der Brühe ablöschen. Nach 18 bis 20 Minuten sollte das Risotto cremig, aber immer noch al dente sein. Die Butter und den Parmesankäse vorsichtig unterziehen und umrühren. Vor dem Auftragen ein paar Minuten im zugedeckten Topf ruhen lassen. Das Risotto mit der Leber auf warmen Tellern servieren. Mit Parmesankäse, Zitronenschale und reichlich frisch gemahlenem Pfeffer bestreuen.

LEBER

Lammleber mit Meerrettichpüree und gebratenen Pflaumen

---

*500 g Lammleber
in Scheiben
Ein paar EL Mehl
Butter*

*Der Meerrettichbrei:
6 große Kartoffeln
5 cm geriebene
Meerrettichwurzel
0,2 l heiße Milch
2 Eigelb
50 g Butter*

*Die Pflaumen:
10 reife Pflaumen
2 EL Zucker
Butter
Petersilie
Salz und Pfeffer*

Die Pflaumen halbieren und entsteinen. Vorsichtig in Butter braten. Mit Zucker bestreuen und diesen schmelzen lassen. Zur Seite stellen. Die Kartoffeln kochen, etwas ausdampfen lassen, dann mit dem Kartoffelstampfer zerstampfen. Heiße Milch, Eigelb, Butter und Meerrettich zugeben und mit dem Schneebesen so lange schlagen, bis der Brei recht weiß und schaumig ist. Warm halten. Die Leberscheiben in Mehl wenden und sofort in siedend heißer Butter 2 Minuten auf jeder Seite braten. Salzen und pfeffern. Jetzt auf warmen Tellern mit dem Brei und den Pflaumen servieren. Die Petersilie überstreuen.

LEBER

Kaninchenleber mit Rosenblättern

Eine sehr einfache
und zugleich raffinierte Vorspeise.

500 g Kaninchenleber	Die Leber in viel Butter 1 bis 2 Minu-
Eine Hand voll	ten anbraten. Salzen und pfeffern. Die
Rosenblätter	Leber auf warmen Tellern anrichten.
Butter	Die Rosenblätter in der letzten Minute
Salz und Pfeffer	darüberstreuen. Servieren!

LEBER

Lammleber mit Feigen

---

500 g Lammleber in Scheiben geschnitten
500 g Feigen (vorzugsweis frische Feigen)
2 EL Balsamicoessig
0.1 l Kalbsfond
4 EL Feigenwein (Boukha) oder Madeira
1 TL Puderzucker
150 g Butter
Salz und Pfeffer

Die Feigen waschen, in Hälfte schneiden, mit Puderzucker bestreuen und mit einen nussgroßen Stück Butter in eine Pfanne langsam braten lassen. Zur Seite stellen. Die Lammleber rasch von beiden Seiten in etwas Butter braten. Mit Salz und Pfeffer würzen und warm stellen. Für die Sauce den Bratensaft mit Essig und Feigenwein oder Madeira löschen. Puderzucker und Kalbsfond zugeben und ein paar Minuten köcheln lassen. Die Sauce vom Herd nehmen und die Butter einarbeiten. Kräftig mit dem Schneebesen aufschlagen. Salzen und pfeffern. Mit den Feigen und Bulgur oder Couscous direkt servieren!

Lammleber Rydberg

---

500 g Lammleber in zentimetergroßen Würfeln
5 normalgroße Kartoffeln in zentimetergroßen Würfeln
2 große rote Zwiebeln
Fein gehackte Petersilie
Butter
Salz und Pfeffer

Die Zwiebeln hacken und langsam in Butter braten. Warm stellen. Die Kartoffelwürfel 4-5 Minuten in gesalzenem Wasser kochen. Wasser abgießen und die Kartoffeln ausdampfen lassen. Die Leberwürfel braten. Leber, Kartoffel und Zwiebel jetzt in der Pfanne vorsichtig mischen. Mit Petersilie bestreuen. Salzen und Pfeffern. Rohes Eigelb, Dijonsenf und eingelegte Rote Beete passen gut dazu!

Andouillette

Andouillette

*Une bonne andouillette a le goût de la merde,
mais pas trop.*

(französisches Sprichwort)

Andouillette ist eine französische Wurst aus Innereien mit einem speziellen Geruch und einer sehr stolzen Tradition. Die meisten bekannten Andouilletten kommen aus der Stadt Troyes in der Champagne, wo man schon 877 diese Wurst bei der Krönung von Louis II genossen haben soll. Berühmte Persönlichkeiten wie Louis XVI und Napoleon sind nur einige der prominenten historischen Figuren, die einen Umweg gemacht haben, um diese außergewöhnliche Delikatesse zu probieren. Die Wurst besteht zu zwei Teilen aus Schweinedarm und zu einem Teil aus Kutteln, und daraus eine echte Andouillette herzustellen, ist eine große Kunst.

Das Fleisch wird in Streifen geschnitten, gebogen und nach einem sehr komplizierten Muster geschweift und gefaltet. Es wird mit Zwiebeln, Salz und Pfeffer verfeinert und danach in einen Schweinedarm gestopft und auf kleiner Flamme fünf Stunden lang in einer Bouillon mit frischen Kräutern nach einem Geheimrezept gegart. Wenn Sie eine Wurst mit der originalen Signatur AAAAA (Association Amicale des Amateurs Authentiques Andouillettes) in einem Restaurant bestellen, können Sie sicher sein, eine echte, nach allen Regeln der Kunst gefertigte Andouillette zu bekommen.

Es gibt zahlreiche Rezepte: in Champagner pochiert, mit foie gras, gebraten mit Kartoffelpüree und Senf oder «au four», also im Ofen gebacken, wie im folgenden Rezept.

Andouillette
au four

---

4 Andouillettes
10 fein gehackte Schalotten
2 dl Weißwein
50 g Butter
Salz und Pfeffer

Den Ofen auf 175° vorheizen. Die Hälfte der Butter schmelzen, und die Zwiebeln glasig anschwitzen (zur Seite stellen). Ein paar kleine Schnitte in jede Andouillette machen, so dass sie nicht im Ofen platzen. Nun braten Sie die Würste goldbraun in der restlichen Butter. Die gebratenen Zwiebeln und die Andoillettes in eine Ofenform geben und mit Weißwein übergießen. 20-25 Minuten backen. Direkt servieren mit dem leckeren Meerrettichpüree (Seite 23), dazu grüne Erbsen.

Pasteten

Pasteten

Eine *pâté* ist, wenn man es genau nimmt, immer mit Teig überbacken. Das Wort hat den gleichen Ursprung wie im Französischen, *pâte*, oder wie im Italienischen, *pasta*, was beides Teig bedeutet. Oft benutzen wir das Wort *pâté* auch für Terrinen, die keine *croûte*, also keine Teigkruste haben, sondern in einer Terrinenform mit oder ohne Speckkruste zubereitet wurden.

Die *pâtés* waren der Höhepunkt einer mittelalterlichen Tafel. Man konnte die *pâtés* mit allen erdenklichen Delikatessen servieren, etwa mit Austern, Gänseleber, Schildkröten, Stockfisch oder Kalbshirn. Bis zum 16. Jahrhundert war die *pâté* das beliebteste Gericht auf dem Tisch der Reichen: Damals war es fast unmöglich, sich ein Dinner vorzustellen ohne eine *pâté* – beispielsweise in Form eines *châteaus*, eines Adlers, eines Hirschs oder einer Pfaus. Sehr beliebt waren auch die so genannten *lebenden pâtés*: Wurden sie angeschnitten, konnten exotische Vögel, quakende Frösche oder leicht bekleidete junge Beautés mit einem effektvollen Auftritt die Tischgesellschaft überraschen.

Als Wilhelm von Bayern 1568 seine Hochzeit feierte, wurde eine riesengroße *pâté* herein getragen, aus der Ferdinand von Österreichs Lieblingszwerg erschien, der Fahnen schwenkend und in voller Rüstung die Gäste begrüßte. Mindestens so bemerkenswert ist aber auch, dass in dieser *pâté* vierzig warme Gerichte enthalten waren, was für die gewaltigen Dimensionen dieses Hochzeitsmahls spricht.

Unsere Rezepte kommen ohne solche Ansprüche aus. Dass sich *Pâtés* schon vor vielen Jahrhunderten großer Beliebtheit erfreuten, hatte im Übrigen einen ganz simplen Grund: Auch zahnlos lassen sich *Pâtés* verzehren und genießen, was damals, als es weder Zahnhygiene noch Prothesen gab, ganz entscheidend war.

PASTETE

Hähnchenlebermousse mit Walnüssen und Rosinen

Perfekt für ein Buffet oder als Vorspeise
für 12 bis 14 Personen.

*500 g
Hähnchenleber
2 rote fein gehackte
Zwiebeln
100 g Walnüsse
200 g zimmerwarme
Butter und extra
Butter zum Braten.
Helle Rosinen
nach Geschmack
(vorher vielleicht ein
paar Stunden in
Portwein oder
Sauternes eingelegt.
Lauwarmes Wasser
geht auch).*

Die Walnüsse in trockener Pfanne rösten. (Achtung, sie verbrennen sehr leicht!) Zur Seite stellen. Die Zwiebeln glasig braten. Die Leber säubern und nur kurz in Butter angehen lassen. Abkühlen lassen. Die Leber und die Zwiebeln passieren. Mit dem Mixer die Butter luftig schlagen. Die Walnüsse und die Rosinen hacken, mit der Butter und der Lebermischung vorsichtig, aber gründlich vermischen. Eine Form (oder zwei kleine – macht schönere Scheiben) mit Frischhaltefolie bedecken, und mit der Masse füllen. Über Nacht in den Kühlschrank stellen, so dass die verschiedenen Geschmacksnuancen «sich verheiraten können», wie wir in Schweden sagen. Mit Salat oder gebratenen Birnen servieren.

PASTETE

Kalbsleberterrine mit Pistazien und Thymian

---

1 kg Kalbsleber
250 g weiche Butter
4 EL Cognac
1 rote Zwiebel
50 g Pistazien
1/8 Liter Schlagsahne
1 kleiner Bund Thymian
Salz und Pfeffer

Die Leber säubern, und in kleine Stückchen schneiden. 400 Gramm Leber in 50 Gramm Butter sanft anbraten. Die Leber aus dem Bratfett nehmen, (das Fett nicht wegwerfen!), in eine Schüssel legen und mit Cognac beträufeln. Zur Seite stellen. Die Zwiebel fein hacken und mit der restlichen Leber 3-5 Minuten braten. Abkühlen lassen. Jetzt Leber, Bratfett und Cognac (von der eingelegten Leber) pürieren. Das Püree durch ein feines Sieb streichen. Die eingelegte Leber und die Pistazien grob hacken. Das Leberpüree mit der Sahne und der restlichen weichen Butter mischen und cremig aufschlagen. Thymian fein hacken. Die Farce mit Thymian, Salz und Pfeffer würzen. Die Leberwürfel und Pistazien unter die Farce heben. Eine große Terrinenform oder zwei kleine mit Klarsichtfolie auslegen und die Farce hinein streichen. Mit Folie abdecken. Die Terrine über Nacht in den Kühlschrank stellen. In Scheiben schneiden und mit z. B. Calvadosäpfel (Seite 18) und Toast servieren.

Crostini

Crostini

Crostini bedeuten «kleine geröstete», aber das heißt nicht, dass die immer geröstet sind. Sie werden auch gebraten oder «nature» serviert. Manche tauchen die Crostini in Brühe, andere in vino santo; sie können kalt, lauwarm oder heiß aus dem Ofen serviert werden.

In alten Zeiten waren die Crostini keine Vorspeise, sondern ein einfaches Mittagessen für Bauern und Feldarbeiter: Brotscheiben, die man mit Knoblauch bestrich, ein paar Tomatenscheiben darauf legte und Salz, Pfeffer und Olivenöl dazugab. Auf den opulenten Banketten des Mittelalters und der Renaissancezeit war die Tafel nicht mit einzelnen Tellern gedeckt, sondern die Speisen wurden auf einem großen Tablett serviert, und man konnte sie – was mit Hilfe einer Brotscheibe kein Problem darstellte – elegant zum Mund führen. (Wir dürfen nicht vergessen, dass Gabeln erst in der Spätrenaissance in den Fürstenhäusern Italiens Verwendung fanden.) Diese Leckereien waren sicher auch Vorfahren unserer Crostini.

Heute finden wir Crostini überall und in zahlreichen verschiedenen Varianten, aber die Königin der Crostini ist und bleibt der Klassiker aus der Toscana – die *crostini di fegatini*.

Crostini di Fegatino

Das Rezept ist sehr einfach,
und lässt sich leicht variieren, manche Köche
nehmen Milz statt Leber, auch sehr lecker!

200 g Hähnchenleber
30 g Butter
1 EL Rotweinessig
1 EL kleine Kapern
1 EL fein gehackte Petersilie
8 fein gehackte Salbeiblätter
Salz und Pfeffer

Die Crostini:
Gutes Weißbrot, gerne vom Vortag, in kleinen Scheiben.
Olivenöl
1 Zehe Knoblauch

Den Ofen auf 200° vorheizen. Die Leber säubern und in vier Stücke teilen. Die Leber mit Salbei in Butter sehr vorsichtig braten. Essig, Kapern und Petersilie zugeben, kurz auf größerer Flamme braten. Es ist wichtig, dass es schnell geht, damit die Leber innen rosa und cremig bleiben! Die Brotscheiben auf ein Backblech legen. Mit Olivenöl beträufeln und goldbraun rösten. Die Lebermasse jetzt hacken und die Farce auf die Crostini streichen. Dazu Chianti classico!

Crostini mit Lammbries

---

800 g Lammbries
100 g frische
Kräuter nach
Geschmack
(ich nehme gerne
Koriander, Petersilie
und Schnittlauch)
Ein Schuss
Zitronensaft
Ein guter Schuss
mildes Olivenöl
Salz und Pfeffer

Die Crostini:
Gutes Weißbrot
3 Knoblauchzehen
Olivenöl

Das Lammbries wässern und von Fett und Häutchen befreien. In kaltem Zitronenwasser langsam zum Kochen bringen, direkt herausheben und abtrocknen. Das Fleisch sehr fein hacken, und mit den klein gehackten Kräutern, Olivenöl, Salz und Pfeffer gut mischen. Die Brotscheiben rösten und mit Knoblauch reiben. Mit Olivenöl beträufeln und mit der Lammbriesmischung bedecken. Sofort servieren!

Bries

Bries

Der schwedische Kochbuchautor C.E. Hagdahl schreibt in seinem legendären Buch *Die Kochkunst als Wissenschaft und Kunst* (1885): «Kalbsbries ist der teuerste Teil aller wiederkäuenden Tiere, die von Menschen gegessen werden, und ist weit teurer als sein Nährwert oder sogar sein Geschmack rechtfertigen. Aber da es ein Gericht à la mode ist, wird der Käufer in der Regel taub sein für den steigenden Preis.»

Hagdahl kann sagen, was er will, aber das Kalbsbries ist eine fantastische Delikatesse, vielleicht die leckerste von allen Teilen des Tieres, und die teuerste sowieso. Auch das Bries vom Lamm ist eine wunderbare Köstlichkeit, sehr preiswert und ein bisschen einfacher vorzubereiten als das Bries vom Kalb. Die Thymusdrüse, wie das Bries auch heißt, sitzt im Brustkorb des Tieres und ist ein Wachstumsorgan. Es verschwindet, sobald die Tiere erwachsen sind.

Kalbsbries isst man seit undenklichen Zeiten gerne, aber erst im 16. Jahrhundert wurde es wirklich populär. Auf Grund seines guten Geschmacks, vielleicht aber auch wegen seines hohen Preises war es vor allem auf den Tafeln der wohlhabenden Familien zu finden. Noch in den 1950er Jahren finden wir kaum ein Restaurant mit Selbstachtung, das nicht Bries anbietet, am liebsten als Ragout Fin in Blätterteigpastete als Vorspeise!

Das Bries kann auf unterschiedlichste Weise zubereitet werden: gekocht, gedünstet, in Scheiben gebraten, gegrillt oder gebacken serviert. Vorsicht beim Garen: Dauert dies zu lang, wird das Bries trocken und mehlig. Doch das Bries soll wie viele andere Innereien einen saftigen und rosa Kern haben! Das Bries hat einen feinen subtilen Geschmack, und fühlt sich zusammen mit anderen verschiedenen Zutaten sehr wohl. Mit anderen Worten: Es gibt fast keine Grenzen der unendlichen Möglichkeiten für die, die sich trauen, diese fast in Vergessenheit geratene Perle neu zu entdecken, die wir jetzt leider nur in wirklich exklusiven Restaurants genießen können.

Das Bries bekommt man vom Metzger küchenfertig, aber wenn man ein paar Stunden warten kann, weil das Bries in kaltem Wasser gewässert werden sollte, ist der Genuss sogar noch größer.

Kalbsbries
Florentiner Art

300 g Kalbsbries
Semmelbrösel
1 Zitrone
Butter
Petersilie
Salz und
Pfeffer

Bries blanchieren. In kaltem Wasser abkühlen. Haut und Sehnen entfernen. In Scheiben schneiden. Semmelbrösel, Salz und Pfeffer mischen und die Scheiben darin wenden. Jetzt vorsichtig in Butter goldbraun braten, etwa 3 Minuten auf jeder Seite. Sofort auf warmen Tellern mit Petersilie und Zitronen servieren.

Lammbries mit Pfifferlingen und Speck

500 g Lammbries, etwa 3 pro Person
500 g Pfifferlinge oder andere Pilze
300 g Räucherspeck in Scheiben
200 g gemischter Salat
100 g Walnüsse
Frischer Thymian
Butter
Salz und Pfeffer

Das Bries wie gewohnt vorbereiten. Die Pilze putzen (wenn möglich nicht waschen!) und in Butter braten. Zur Seite stellen. Den Salat vorbereiten und auf Tellern anrichten. Das Bries vorsichtig in Butter braten. Jetzt das Bries auf den Salat drapieren (die Bratbutter noch in der Pfanne lassen) und die Pilze auf das Bries legen. Mit den Speckscheiben und den Walnüssen dekorieren, mit Thymian bestreuen. Die Butter darüber gießen und sofort servieren.

Herz

Herz

*Er weckte sie, und liess sie von dem kleinen und
völlig glühenden Herzen schüchtern essen.*

(Dante, Vita Nova)

Dieser sehr aktive Muskel gehört vielleicht nicht zu den edelsten Innereien, hat aber eine herzhafte robuste Qualität, ist ebenfalls äußerst preiswert und sehr, sehr gesund. Herz besteht aus zartem und festem mageren Muskelfleisch, und ist diejenige der Innereien, die am meisten «normalem Fleisch» ähnlich ist. Herz schmeckt am besten, wenn es innen etwas blutig bis rosa ist. Wenn es über diesen Punkt hinaus gegart wird, kann es so zäh und trocken wie eine alte Schuhsohle sein: Vorsicht!

Die Herzen der diversen Tiere unterscheiden sich nicht sehr voneinander. Die Lammherzen finde ich sehr sympathisch, sie sind nicht so riesengroß wie die Rinderherzen und nicht so teuer wie die vom Kalb.

Bei der Jagd bekommt der Jäger, der ein Tier erlegt hat, dessen Herz. Es ist ein Privileg, diesen symbolbeladenen Muskel zu erhalten und zu geniessen.

Probieren Sie mal, Sie müssen sich nur ein Herz fassen und keine Angst haben! Das Herz kann man füllen, garen, braten und sogar grillen. Eine Marinade macht das Fleisch zart und lecker, wie im folgenden Rezept.

Mariniertes Lammherz auf Salatbett mit Salsa von Nektarinen

Eine nette Vorspeise für vier oder
eine Hauptspeise für zwei.
Gutes Brot dazu!

3 Lammherzen *200 g gemischter Salat* *Für die Marinade:* *Olivenöl* *Ein Schuss Balsamico-Essig* *Fein gehackter Thymian* *Butter zum Braten* *Salz und Pfeffer*	Die Herzen halbieren und waschen, die inneren Stränge entfernen und die Herzen abtrocknen. Die Hälften in möglichst dünne Scheiben schneiden. Das Fleisch mit Essig, fein gehacktem Thymian, Salz und Pfeffer mischen. Mindestens 12 Stunden im Kühlschrank marinieren lassen. Den Salat vorbereiten und auf Teller verteilen. Etwas hochwertiges Olivenöl darüber giessen. Das Fleisch jetzt in der heißen Butter ca. 5 Minuten braten. Das Fleisch auf den Salat legen und servieren mit:

HERZ

Salsa von Nektarinen

---

4 Nektarinen
1 rote gehackte Zwiebel
Schale und Saft von einer Zitrone
Fein gehackte Petersilie
Eine Prise Zucker
2 EL Olivenöl
Salz und Pfeffer

Zitronensaft und Schale mit Olivenöl, Salz, Pfeffer und Zucker mischen. Die Nektarinen in kleine Würfel schneiden, und mit der Zwiebel und der Petersilie mischen. Einige Stunden ziehen lassen.

ïr den Gaumen und …
r Könige und Fürsten! …

Zunge

Zunge

Zungen von verschiedenen Tieren und in unterschiedlichen Größen – vom Wal bis zur Nachtigall – sind seit uralten Zeiten sehr beliebt. Um den reinen Genuss einer Kalbszunge zu garantieren, hat man verschiedene Methoden entwickelt, um diese Tiere schon vor dem Schlachten zu reinigen.

Dies wird oft in alten Haushaltsbüchern beschrieben. Zum Beispiel wird vorgeschlagen, man solle die Zunge des Tiers regelmäßig mit Salz einreiben und mit Wein reinigen. So entwickelt das Tier einen gesunden Durst, und wenn es so weit ist, habe sich durch die reichliche Wasserzufuhr die Qualität des Fleisches enorm verbessert – und die so präparierte Zunge zu einem wahren Leckerbissen entwickelt.

Gekochte Zunge vom Rind oder Lamm ist eine große Delikatesse, die in vielen Zubereitungen schmeckt. Es braucht viel Zeit, eine Rinderzunge zu kochen, aber aufpassen muss man kaum. Sie kocht einfach vor sich hin und ist fertig, wenn man sie an der Spitze problemlos mit einer Nadel durchstechen kann.

Im späten Mittelalter war Walzunge außerordentlich «en vogue», und auch in der Renaissance soll Katharina di Medici von dieser riesigen Leckerei ganz begeistert gewesen sein.

Vogelzungen waren im Rom der Antike eine weit verbreitete Delikatesse. Der Gourmet Apicus äußerte, dass die Flamingozungen einen besonders subtilen Geschmack hätten, während Caligula die Zungen von Nachtigallen am allerbesten fand – für ihn war es so, als ob sich der himmlische Gesang in diese Köstlichkeit verwandelt habe.

HERZ

Gekochte und Gepökelte Ochsenzunge mit Kohlrübenpüree

Diesen schwedischen Klassiker serviert man gerne mit verschiedenen Sorten Senf.

*1 gepökelte Ochsenzunge
(1 bis 1,5 kg)
1 große Zwiebel mit
6 Gewürznelken spicken
5 Körner Piment
5 Körner weißer Pfeffer
2 Lorbeerblätter
Petersilie
Salz (vorher prüfen,
eventuell ist die Zunge
schon ausreichend
gesalzen!)
Püree:
500 g Kohlrüben
in kleinen Stückchen
2 große Möhren in
dicken Scheiben
6 Kartoffeln in Stückchen
0,2 l Zungenbrühe
Salz und Pfeffer
Butter nach Geschmack
Petersilie*

Die Zunge kalt abspülen. Mit Wasser aufsetzen und zum Kochen bringen. Ein paar Minuten kochen lassen. Wasser abgießen und die Zunge in frischem kaltem Wasser wieder zum Kochen bringen. Die anderen Zutaten zugeben und 2-3 Stunden bei kleiner Hitze dämpfen. Jetzt die Haut abziehen, solange die Zunge noch warm ist. (Je kälter die Zunge ist, desto schwerer ist es, sie zu häuten.) Das Wurzelgemüse etwa 20 Minuten in gesalzenem Wasser kochen. Das Wasser abgießen. Die Gemüse am besten mit einem Kartoffelstampfer zerstampfen. Brühe zugeben. Mit Salz, Pfeffer und Butter abschmecken. Die Zunge in dünne Scheiben schneiden, mit dem Kohlrübenpüree servieren. Mit Petersilie bestreuen.

HERZ

Lammzunge auf Salatbett mit Meerrettich, Äpfeln und Koriander

---

8 Lammzungen (ca. 700 g)
Schale von einer halben Zitrone
6 Gewürznelken
2 Zimtstangen

Salat:
200 g gemischter Salat
3 feste, säuerliche Äpfel
1 kleines Stück Meerrettich
frischer Koriander

Dressing:
1 EL Dijonsenf
1 EL Essig
3 EL Olivenöl
Salz und Pfeffer

Die Zungen ein paar Stunden in kaltem Wasser wässern. Mit kaltem Wasser aufsetzen und zum Kochen bringen. Abgießen. Die Zunge zusammen mit der Zitronenschale, den Gewürznelken und den Zimtstangen und etwas Salz ca. 40 Minuten bei geringer Hitze kochen. Den Salat und die Apfelscheiben auf den Tellern anrichten. Das Dressing jetzt vorbereiten (es soll möglichst sämig sein, also fleißig rühren, wie bei der Zubereitung von Mayonnaise). Den Meerrettich reiben und den Koriander hacken. Die Zungen abgießen und, solange sie noch warm sind, die Haut abziehen. In dünne Scheiben schneiden und auf den Tellern anrichten. Dressing zugeben. Mit Meerrettich und Koriander bestreuen. Guten Appetit!

Leber

Herz

Niere

Nierchen

Nierchen

*Was könnte es wohl Reizenderes und
Anrührenderes geben als eine schöne, wie ein Herz
geöffnete Niere, die bereitliegt, um eine bernsteinfarbene
Kugel Isigny-Butter aufzunehmen, die darin
wie ein zarter Traum zerfließt.*

(Fulbert-Demonteil)

Alexandre Dumas schreibt: «Nierchen: Unter dieser Bezeichnung sind die Nieren der Tiere in der Kochkunst eingegangen; der leichte Uringeschmack, der sie auszeichnet, ist genau das, was die Liebhaber dieser Speise besonders mögen.»

Das könnte vielleicht stimmen, aber wir werden es hier nicht weiter diskutieren.

Im Alten Testament werden an zahlreichen Stellen die Nieren erwähnt, sie werden metaphorisch, oft zusammen mit dem Herz, als Sitz der Gefühle und der innersten Gedanken betrachtet. Im Urtext jubelt die Niere anstatt des Herzens!

Die Redewendung «an die Nieren gehen» hatte ihren Ursprung im Mittelalter, als man glaubte, der Geschlechtstrieb habe eine enge Verbindung mit den Nieren. Wer fremd ging und Pech hatte, dem konnte es passieren, dass ihm als Ehebrecher zur Strafe, eine Niere herausgeschnitten wurde. Ob auch das Einverleiben von Nieren das Risiko für Untreue gesteigert hat, ist unklar.

Die Kalbsniere hat einen milden und sehr raffinierten Geschmack. Sie muss vor der Zubereitung gewässert, von der dünnen Haut befreit und mit Küchenpapier abgetrocknet werden. Man kann sie im Ganzen oder in Scheiben braten, sollte aber nicht das bisschen Fett im Innern entfernen.

Die Lammniere ist ebenfalls eine große Delikatesse und zudem erfreulich fürs Portemonnaie. Schweinenieren sind so etwas wie eine süditalienische Spezialität. Sie haben einen ziemlich kräftigen Geschmack, den nicht alle lieben. Ich finde, dass die gesäuberten Schweinenieren jedem schmecken können, wenn sie ein ausführliches Bad in Milch hinter sich haben. Oder Sie reiben die Schweinenieren mit grobem Salz ein und lassen sie ein paar Stunden ziehen.

Wichtig ist – die Gäste müssen in diesem Falle auf das Essen warten und nicht anders herum. Denn Nieren müssen sofort serviert werden und dürfen nicht warten, denn sonst werden sie hart.

Lammnieren in Minze

---

600 g Lammnieren
2 TL Calvados
2 EL Weißwein
0,2 l Sahne
0,1 l Lammfond
1 Bund frische Minze
Saft und geriebene Schale von einer halben Zitrone
Butter und Öl
Salz und Pfeffer

Die Nieren putzen, wässern und trocknen. Öl und Butter in einer Pfanne braten, bis sie innen rosa sind, dann warmstellen. Den Bratensaft mit Calvados und Weißwein ablöschen. Sahne und Fond unterrühren und beim Köcheln etwas eindicken lassen. Die Minze fein hacken. Die Sauce mit Zitronensaft und -schale, Salz und Pfeffer würzen. Die Minze unterziehen, nochmals etwas Butter zugeben. Die Sauce über die Nieren gießen und mit Selleriepüree und grünem Salat servieren.

Schweinenieren mit Gremolata

Gremolata ist eine italienische Gewürzmischung, die man oft zu Ossobuco bekommt, die aber auch zu Schweinenieren köstlich schmeckt!

4 Schweinenieren
Butter und Öl
Salz und Pfeffer

Gremolata:
1 unbehandelte Zitrone
3 Knoblauchzehen
1 Bund Petersilie
Etwas grobkörniges Meersalz

Die Nieren putzen und wässern. Die Nieren 2 Stunden in kalter Milch liegen lassen. Abtrocknen, halbieren und in Scheibchen schneiden. Die Zitrone reiben. Knoblauch und Petersilie klein hacken. Vorsichtig salzen. Die Zutaten gründlich mischen. Die Nierenscheiben unter ständigem Wenden in Butter und Öl einige Minuten braten. Salzen und pfeffern. Die Gremolata über die Leberscheiben streuen und mit Polenta und grünem Salat servieren.

Nieren in Sherrysauce

---

500 g Lammnieren
1 rote Zwiebel
in dünnen Scheiben
1 Knoblauchzehe
0,1 l
trockener Sherry
1 EL gehackte
Petersilie
Olivenöl
Salz und Pfeffer

Die Nieren putzen, wässern und trocknen. In Viertel schneiden. Knoblauch fein hacken und die Zwiebel in dünne Scheiben schneiden. Öl in einer Pfanne erhitzen und die Nieren unter ständigem Wenden braten. Vom Herd nehmen und den Bratensaft abgießen. Nieren warm stellen. Die Zwiebel und den Knoblauch in Öl anschwitzen. Nieren und Sherry zugeben. Schmoren, bis die Nieren gar sind. Salzen und pfeffern. Die Nieren mit Petersilie garnieren. Sofort servieren!

Kalbsnieren mit Pilzen und Kerbel

500 g Kalbsnieren
200 g Pilze
(vorzugsweise
Pfifferlinge)
1 kleine rote Zwiebel
2 Knoblauchzehen
0,1 l Sahne
1 Schuss Weißwein
Kerbel
Butter
Salz und Pfeffer

Die Nieren putzen, wässern, trocknen und in dünne Scheiben schneiden. Die Zwiebel und den Knoblauch in Butter langsam anbraten. Die Pilze zugeben und mitdünsten. Jetzt die Nierenscheiben in heißer Butter schnell braten. Salzen und pfeffern. Die Pilz- und Zwiebelmischung mit Sahne und Wein mischen. Ein paar Minuten einkochen lassen, salzen und pfeffern. Die Nieren zugeben. Mit reichlich Kerbel bestreuen. Direkt aus der Pfanne servieren, gerne mit passierter Kartoffel und leicht süßlich glasierten Karotten.

Lammnieren mit gebratenen Birnen

---

8 Lammnieren
4 reife Birnen
4 EL
brauner Zucker
Frischer Thymian
Butter
Salz und Pfeffer

Die Birnen halbieren und das Kerngehäuse entfernen. Langsam in Butter anbraten, mit Zucker bestreuen und schmelzen lassen. Warm stellen. Die Nieren putzen, wässern und trocknen. Halbieren und in dünne Scheiben schneiden. Die Nieren schnell in Butter braten (sie sollten innen noch leicht rosa sein). Die Birnen zugeben. Salzen, pfeffern und mit Thymian bestreuen. Mit Bulgur oder Couscous servieren.

Devilled Kidneys

8 Lammnieren 2 EL Mangochutney 1 EL Dijonsenf 1 TL Coleman's Dry English Mustard Powder 2 EL Zitronensaft 4 Scheiben Toastbrot Butter Cayennepfeffer Salz	Die Nieren putzen, wässern und trocknen. Die Nieren halbieren, ohne sie ganz durchzuschneiden. Für die Marinade Chutney mit den beiden Senfsorten, Zitronensaft und Cayennepfeffer in einer Schüssel mischen. Die Nieren zugeben und eine Stunde lang marinieren. Die Nieren in Butter schnell braten. Warm stellen. Die Toastscheiben toasten. Jede Toastscheibe mit Butter und mit etwa 0,5 TL Marinade bestreichen. Die Nieren paarweise darauf legen und sofort servieren. Dazu Bier!

Robbies Lammnieren auf Rosmarinspieß

---

8 Lammnieren	Die Nieren putzen, wässern und trocknen. Halbieren. So viel von den Rosmarinnadeln entfernen, dass man die Zweige als Spieße benutzen kann. Jetzt eine halbe Niere auf jeden Spieß fädeln. Die kleinen Spieße in Butter ungefähr 3 Minuten auf jeder Seite braten. Gut salzen und pfeffern. Mit Bulgur und geröstetem Gemüse servieren. Dazu Zitronenspalten schneiden.
15 Rosmarinzweige	
Butter	
Salz und Pfeffer	
Zitronenspalten	

Hirn

Hirn

Viele Leute glauben in ihrer Unschuld, dass sie nie Hirn gegessen haben. Sie irren sich. Hirn isst man oft, aber in unkenntlicher Gestalt, versteckt in Würsten und Pasteten.

Hirn gehört zu einem Körperteil der Tiere, das früher eine Delikatesse war und jetzt fast als ungenießbar gilt, was eine Verschwendung ist, da Hirn eine der feinsten und wohlschmeckendsten Innereien überhaupt ist.

Lammhirn ist bedeutend billiger als der große Bruder, das berühmtere Kalbshirn, aber genau so lecker: süß und klein und einer großen Walnuss sehr ähnlich.

Hirn wird in der Regel küchenfertig vom Metzger angeboten, trotzdem sollten Sie es vor der Zubereitung eine Stunde lang in kaltem Wasser oder Zitronenwasser wässern. Danach die Haut vorsichtig abziehen, und das Hirn so lange in frischem kalten Wasser spülen, bis es blütenweiß geworden ist.

Lammhirn
mit Beurre noir

---

4 Lammhirne	Die Hirne ein paar Stunden in kaltes Wasser mit einem EL Salz wässern. Gemüse und Kräuter eine Stunde köcheln lassen, und durch ein Küchensieb seien. Danach erneut erhitzen. In diesen köchelnden Sud die Hirne legen und vorsichtig 8 Minuten schmoren lassen, rausnehmen und trocken tupfen. In zentimeterdicke Scheiben schneiden und auf einen warmen Teller legen. Salzen und pfeffern, mit Petersilie bestreuen. In einer Pfanne die Butter schmelzen und braun werden lassen. Über die Hirne gießen. Anschließend einen Schuss Essig in die heiße Pfanne geben, kurz schwenken und über die Köstlichkeit gießen!
1 Karotte	
2 Stangen Lauch	
2 Stangen Sellerie	
1 Bund Frische Kräuter (z.B. Petersilienwurzel, Thymian und 1 Lorbeerblatt.)	
10 Pfefferkörner	
150 g Butter	
Fein gehackte Petersilie	
1 Schuss Weißweinessig	
Salz und Pfeffer	

Salat mit Lammhirn, Roter gerösteter Paprika und Koriander

---

2 Lammhirne	Den Sud vorbereiten, und die Hirne schmoren, wie oben. Die Hirne im Sud abkühlen lassen. Die Paprika halbieren, bei starker Hitze grillen, bis sie schwarze «Blasen» bekommen. In kaltes Wasser tunken und die Häute entfernen. Die Paprika in Streifen schneiden, und auf einem Teller legen. Die abgekühlten Hirne in Scheiben schneiden und auf die Paprika legen. Mit Dressing übergießen und mit Koriander und Oliven garnieren. Sofort mit Brot servieren.
1 Karotte	
2 Stangen Lauch	
2 Stangen Sellerie	
1 Bund Frische Kräuter	
10 Pfefferkörner	
4 rote Paprika	
Frisch gehackter Koriander	
Kleine schwarze Oliven (mit Steinen!)	
Olivenöl	

Für das Dressing:
Saft von einer halben Zitrone
Olivenöl
Salz und Pfeffer

Kutteln

Kutteln

Es ist schade, dass Kutteln für viele Menschen gleich bedeutend mit Hundefutter sind. Als Arme-Leute-Essen waren Kutteln immer sehr wichtig. (Kaldaunenschlucker war früher ein Spottname für arme Studenten.)

In gastronomisch bedeutenden Ländern wie China, Frankreich, Italien und der Türkei haben Kutteln seit jeher einen besonderen Status, als Hausmannskost, «Street food», aber auch als höchste Delikatesse.

Die Rezepte für Kutteln, die man in alten Kochbüchern findet, sind sehr aufwändig. Hier wird sehr genau beschrieben, wie sie durch allerlei komplizierte Methoden zu reinigen sind. Aber heute kann man in manchen Orten geputzte, vorgekochte und sogar vorgeschnittene Kutteln beim Metzger kaufen. Sehr praktisch.

Die vier Mägen sind in Konsistenz und Struktur verschieden. Bei «Les Tripes à la mode de Caen», einem der berühmtesten französischen Kuttelgerichte, kommen alle vier Mägen, Pansen, Netzmagen, Blättermagen und Labmagen zu ihrem Recht. Sie werden mit Gemüse, Kalbsfüßen und Cidre zusammen gekocht und ganz am Ende mit einem Schuss Calvados verfeinert. Der spezielle Geruch der Kutteln und die Tatsache, dass sie wie ein uraltes Frotteehandtuch aussehen, hat vielleicht dazu beigetragen, dass sie bisher nicht die Popularität erlangt haben, die ihnen eigentlich zukommt: Eine gloriose Ausnahme sind die Florentiner Kutteln, die «Trippa alla fiorentina», die man seit vielen Jahrhunderten als Nationalgericht genießt.

Trippa alla Fiorentina

500 g vorgekochte Kutteln 1 rote Zwiebel 1 Karotte 1/4 Selleriekopf 1 große geschälte Tomate 1 Knoblauchzehe 2 Lorbeerblätter 1/2 Liter Fleischbrühe Ein Schuss trockener Weißwein 50 g Butter Reichlich Parmesankäse Olivenöl Salz und Pfeffer	Die Zwiebel, Karotte, Sellerie und Knoblauch fein hacken und in Olivenöl braten. Die geschälte und fein gehackte Tomate und die Lorbeerblätter zugeben. Ein paar Minuten köcheln lassen. Die in 3 Zentimeter lange schmale Streifen geschnittenen Kutteln zugeben und gut vermischen. Die Kutteln mit Fleischbrühe und Wein bedecken und etwa 50 Minuten auf kleinem Feuer köcheln lassen. Mit Butter und Parmesan mischen und sofort servieren!

Kutteln
mit Oliven und Koriander

In der Türkei wissen alle, dass schon der Prophet Mohammed die Kuttel als die Königin der Mahlzeiten gewürdigt hat. Dieses einfache Gericht ist ein Beweis dafür!

500 g geschnittene vorgekochte Kutteln
2 rote Zwiebeln
4 Knoblauchzehen
4 geschälte gute Tomaten
4 EL Tomatenpüree
Eine Handvoll schwarze Oliven mit Stein
1 Bund Koriander
0,5 l Brühe
Kreuzkümmel
Olivenöl
Zucker
Salz und Pfeffer

Kutteln mit fein gehackten Zwiebeln, Knoblauchzehen und Kreuzkümmel in Olivenöl dünsten. Die gehackten Tomaten, Tomatenpüree und eine Prise Zucker zugeben. Gut umrühren. Jetzt die Brühe zugeben (die Kutteln sollen mit Flüssigkeit knapp bedeckt sein) und etwa 40 Minuten köcheln oder bis sie gar sind. (Vielleicht muss man ab und zu Brühe nachgießen.) Mit Olivenöl begießen, und mit dem gehackten Koriander und den Oliven bestreuen. Heiß und mit gutem Brot servieren!

Kutteln mit Rührei

Ein nettes einfaches
Mittagsessen für vier.

500 g
gekochte Kutteln
4 Eier
Ein Schuss
Schlagsahne
Frische Kräuter
Salz und Pfeffer

Die Kutteln in feine Streifen schneiden, und in der Butter dünsten. Die Eier mit der Sahne verrühren, und über die Kutteln gießen. Würzen und mit den frischen Kräutern bestreuen. Sofort servieren mit grünem Salat und gutem Brot!

IMPRESSUM

2008 ©
Charlotte Birnbaum, Christa Näher
und Verlag der Buchhandlung
Walther König, Köln

Konzept:
Charlotte Birnbaum
Bilder:
Christa Näher
Gestaltung:
Harald Pridgar, Frankfurt/Main
Gesamtherstellung:
Printmanagement Plitt,
Oberhausen

Erschienen im
Verlag der Buchhandlung
Walther König, Köln
Ehrenstr. 4, 50672 Köln
Tel. +49 (0) 221 / 20 59 6-53,
Fax +49 (0) 221 / 20 59 6-60
verlag@buchhandlung-walther-koenig.de

Die Deutsche Bibliothek –
CIP-Einheitsaufnahme
Ein Titelsatz für diese Publikation ist bei
Der Deutschen Nationalbibliothek erhältlich

Printed in Germany

Vertrieb:
Schweiz
Buch 2000
c/o AVA Verlagsauslieferungen AG
Centralweg 16
CH-8910 Affoltern a.A.
Tel. +41 (0) 44 762 42 00,
Fax +41 (0) 44 762 42 10
a.koll@ava.ch

ISBN 978-3-86560-549-8